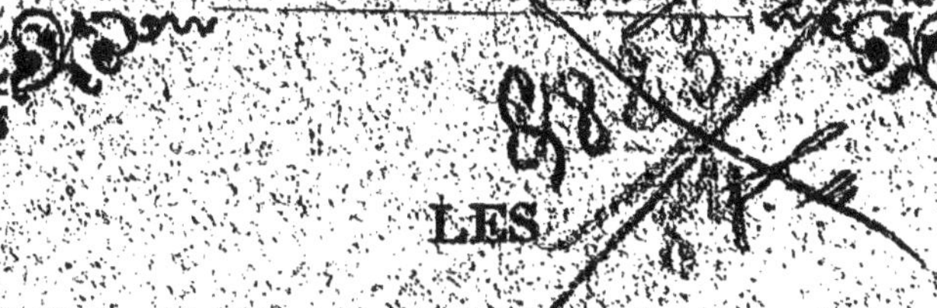

LES

MOSAÏQUES BYZANTINES

PORTATIVES

PAR

M. Eugène MÜNTZ

MEMBRE DE LA SOCIÉTÉ FRANÇAISE D'ARCHÉOLOGIE

CAEN

IMPRIMERIE LE BLANC-HARDEL

HENRI DELESQUES, SUCCESSEUR

RUE FROIDE, 2

1886

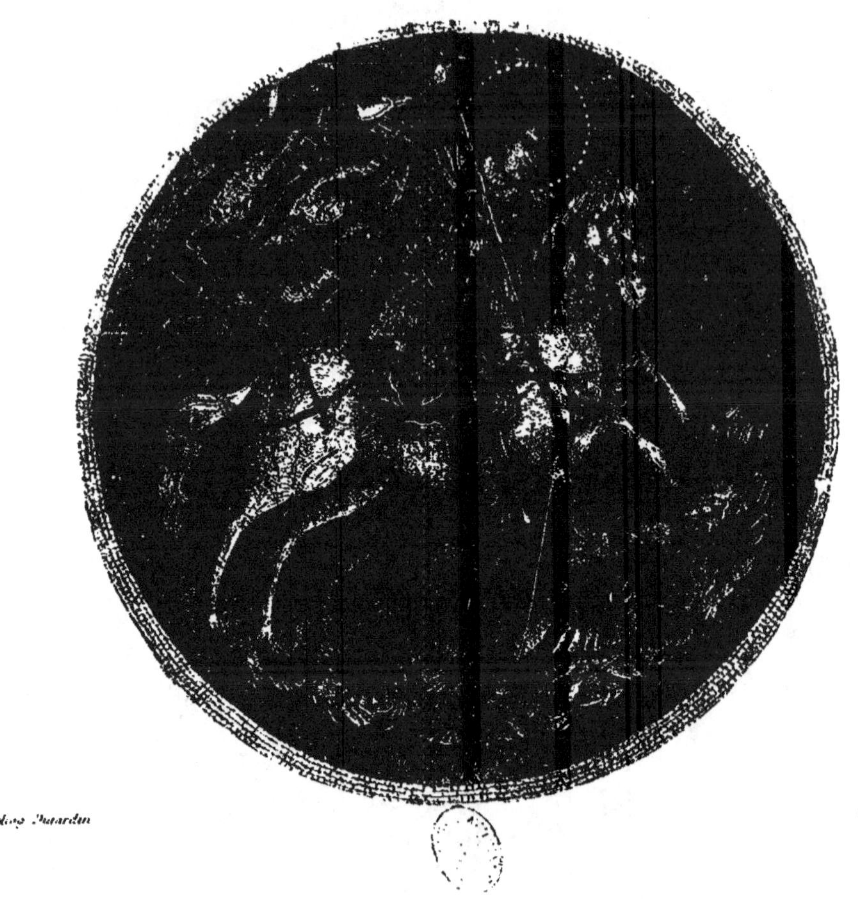

Héliog. Dujardin	Imp.

SAINT-GEORGES TUANT LE DRAGON

LES

MOSAÏQUES BYZANTINES

PORTATIVES

PAR

M. Eugène MÜNTZ

MEMBRE DE LA SOCIÉTÉ FRANÇAISE D'ARCHÉOLOGIE

CAEN

IMPRIMERIE LE BLANC-HARDEL

HENRI DELESQUES, SUCCESSEUR

RUE FROIDE, 2

1886

Extrait du *Bulletin monumental*, 52e volume, 1886.

LES

MOSAÏQUES BYZANTINES

PORTATIVES

On donne souvent le nom de mosaïques byzantines aux grandes incrustations murales, à base de verre ou d'émail, qui font aujourd'hui encore la gloire des basiliques de Venise, de Ravenne, de Rome, de Palerme, de Salonique, de Constantinople et de tant d'autres villes de l'Italie ou de l'Orient. Rien n'est moins fondé que cette dénomination, quoiqu'elle se rencontre déjà chez un auteur du moyen âge, Léon d'Ostie (1). En effet, les Romains du Haut et du Bas-Empire ont connu et appliqué sur une vaste échelle ce système de décoration. Pour s'en convaincre, il suffit de jeter un coup d'œil sur les ornements des fontaines de Pompéi, par exemple, ou encore sur ceux du mausolée de Sainte-Constance, à Rome; des surfaces plus ou moins considérables y sont revêtues de cubes multicolores, formés de matières vitrifiables. Tout au plus serait-il permis d'attribuer à l'influence byzantine l'emploi des fonds d'or, qui, à partir d'un certain moment, sont comme

(1) Voy. Muratori, *Antiquitates italicæ medii ævi.*

inséparables des mosaïques destinées à l'ornementation des parois.

Il est un autre genre d'incrustations sur lequel l'Orient peut élever des prétentions plus légitimes : ce sont les petits tableaux portatifs formés de cubes d'émail et de lamelles de métal. Tout, en effet, tend à prouver que ces ouvrages, dont le fini égale celui des miniatures les plus achevées, ont pris naissance à Constantinople ; bien plus, que cette cité en a eu le monopole pendant tout le moyen âge.

L'antiquité classique ne nous a laissé aucun spécimen de ces sortes de travaux. Trop souvent, il est vrai, elle traitait les mosaïques comme des tableaux de chevalet et s'en servait pour reproduire des peintures d'un caractère peu décoratif ; mais elle ne semble pas les avoir conçues comme des objets isolés, transportables. Les compositions les plus fines, le *Poëte comique* du musée de Naples, les *Colombes* du Capitole, étaient destinées à être encastrées dans le sol et à faire partie intégrante des édifices. Il faut toutefois faire ici une exception. D'après le témoignage de Suétone (1), César emportait avec lui, dans ses expéditions, des pavements en « opus sectile » ou en « opus tessellatum. » Mais ce n'étaient là, sans doute, que des compositions purement ornementales, d'un dessin plus ou moins grossier, destinées à remplacer les tapis.

Quant aux mosaïques de dimensions plus ou moins petites, que l'on trouve dans les catacombes et qui sont fixées sur des plaques de terre cuite (2), elles n'étaient

(1) *Vie de César*, § 46, « in expeditionibus tessellata et sectilia pavimenta circum tulit »

(2) « Formati su tavole di terra cotta. » (Boldetti, *Osservazioni sopra i cimeterj de SS. Martiri;* Rome, 1720, p. 522.)

très certainement pas employées à l'origine comme tableaux mobiles portatifs. Si on les a appliquées sur des plaques, c'est qu'il était presque impossible de les faire adhérer directement aux parois de tuf des catacombes.

Il est difficile de préciser le moment où les Byzantins ont commencé à faire usage des tableaux dont nous nous occupons. Labarte est disposé à croire que ce fut vers le Xe siècle. Voici comment il s'exprime à ce sujet : « Les mosaïstes byzantins firent, au Xe et au XIe siècle, de petits tableaux mosaïques portatifs, dont plusieurs spécimens intéressants sont parvenus jusqu'à nous. On en conservait dans les églises et dans les palais. Le palais impérial en possédait d'excellentes. On en faisait tant de cas qu'ils étaient déposés dans le pentapyrgion, espèce d'armoire coffre-fort placée dans l'abside orientale de la salle du Trône, et où l'on renfermait les pièces les plus précieuses du trésor impérial. Ces petits tableaux, qui reproduisaient le plus ordinairement des sujets de sainteté, recevaient la même destination que les diptyques d'ivoire ; ils étaient offerts, dans les églises, à la vénération des fidèles, se plaçaient dans le palais auprès du lit. Comme tableaux de dévotion, ils étaient transportés avec les bagages précieux dans les voyages et surtout dans les expéditions militaires (1). »

Hâtons-nous d'ajouter que, contrairement à l'opinion de Labarte, la plupart des mosaïques portatives qui nous ont été conservées datent du XIIe ou du XIIIe siècle.

Rien de plus rare aujourd'hui que ces tableaux.

(1) *Histoire des arts industriels*, 1re éd., t. IV, p. 189-190. 2e éd., t. II, p. 352.

L'historien de l'art byzantin, Unger, n'en connaît que deux, les deux petits rétables de l'œuvre du Dôme à Florence; quant à Labarte, il en cite trois seulement : les deux mêmes rétables de Florence et la *Transfiguration* du Louvre (1).

Devant une telle pénurie, il m'a semblé utile de dresser, ne fût-ce qu'à titre d'ébauche, un petit *corpus* de ces monuments en miniature, d'un caractère si nettement déterminé. Je compte sur l'obligeance de mes confrères en archéologie pour compléter une liste forcément très incomplète.

FRANCE.

Paris. Musée du Louvre.

La *Transfiguration*, n° 341 B. du catalogue de Sauzay. On trouvera une excellente reproduction en couleur de cette mosaïque dans les *Arts au moyen âge et à l'époque de la Renaissance*, de Labarte, 1re éd., pl. CXX. Acquis, en 1852, du mosaïste Belloni, pour la somme de 600 fr. (Renseignement communiqué par M. Louis Courajod).

— « *Saint Georges combattant le dragon.* — Médaillon circulaire, serti d'un filet rouge et d'un filet blanc. Diamètre, 0m,21. Saint Georges, nu-tête, nimbé, revêtu d'une armure et portant un manteau rouge flottant au vent, est monté sur un cheval blanc lancé au galop; il enfonce sa lance dans la gueule du dragon. Allure superbe. La mosaïque se compose de cubes

(1) *Histoire des Arts industriels*, 2e éd., t. I, p. 305, note 3; t. II, p. 352.

microscopiques de marbre, d'émail, de pointes d'argent ; le travail est d'une finesse extrême, surtout dans le modelé de la tête du cheval. Le fond est verdâtre. Quelques restaurations faites au moyen du pinceau. Acheté à Florence. Travail grec du XIIIe siècle. » (Courajod et Molinier, *Donation du baron Davillier. Catalogue des objets exposés au Musée du Louvre;* Paris, 1885, n° 274.)

ITALIE.

Rome. Musée chrétien du Vatican.

Saint Théodore en guerrier, XIIIe-XIVe siècle, n° 632. Voy. Mgr Barbier de Montault, *La Bibliothèque vaticane*, p. 122.

Église Sainte-Praxède.

Peut-être est-il permis de voir également une mosaïque portative, d'origine byzantine, dans le portrait du Christ que possédait autrefois l'église Sainte-Praxède, à Rome. Les dimensions de cet ouvrage sont un palme de haut sur un palme de large (1). L'inscription grecque qui l'accompagne autorise une pareille hypothèse. Voici comment un auteur du XVIe siècle, l'évêque Lindano (2), décrit cette pièce curieuse : « Tam erat Pudens iste Petro charus hospes, ut ipse tabellam donavit, quæ domini Jesu effigiem habebat, non coloribus depictam, sed opere mosaïco tessulatam ; cujus fragmentum etiam nunc hodie ad d. Praxedis... videre est. Verum ipsa

(1) Le palme romain mesure 0^{m},223.

(2) Cité par Marangoni, *Istoria dell'antich. oratorio di S. Lorenzo;* Rome, 1747, p. 166.

facies domini, sublatis peregrinorum pia cupiditate tesserulis, est convulsa, immo tota revulsa, relicto tamen dominicæ faciei vestigio, quod dominum Christum oblonga, non crassa, sed macilenta et tenui fuisse facie contestatur ; ut et veriores passim Romæ alibique ipsius loquuntur effigies. Hoc, non parum fecit, quod tabella litteris græcis est insertum :

PETROS O EBRAIOS (*sic*). »

Le portrait, conservé à Sainte-Praxède, a encore été vu par Severano (1) au XVIIe siècle et par Marangoni (2) au XVIIIe. J'ignore ce qu'il est devenu.

SANTA MARIA IN CAMPITELLI.

D'après une communication de M. Julien Durand, la figure du Christ conservée dans cette église est, non pas en mosaïque (3), mais en émail champlevé.

PALAIS BORGHÈSE.

« Mosaïque byzantine pouvant dater du XIVe siècle. Sa conservation est excellente et égale la finesse de son exécution. Le fond est d'or, comme le veut la gloire céleste, et les apôtres sont disposés tout autour de leur reine qui occupe le centre du tableau. » (Mgr Bar-

(1) *Memorie sacre delle sette chiese;* Rome, 1630, t. I, p. 682.
(2) *Loc. cit.*
(3) Erra, *Storia dell' imagine e chiesa di Santa Maria in Portico di Campitelli;* Rome, 1750. Cf. *Annales archéologiques*, t. XXI, p. 103.

bier de Montault, dans la *Revue de l'Art chrétien*, t. XVIII, 1874, p. 152.)

Collections dispersées.

La collection de ce genre la plus riche qui ait jamais existé, est incontestablement celle du cardinal Pierre Barbo, devenu le pape Paul II. Elle comprenait une vingtaine de tableaux en mosaïque, c'est-à-dire plus que n'en renferment aujourd'hui toutes les collections réunies de l'Europe.

Quoique la description de ces précieux spécimens de la mosaïque byzantine ait déjà été publiée ailleurs, je crois utile de la reproduire ici (1)

Item una ycona græca in qua est factus Jhesus Christus usque ad medium, habens librum in manu et benedicens, de musayco parvissimo et ornata argento deaurato sculpto novem figuris angelorum et sanctorum, decem rosis et una sede cum cruce desuper, et est valoris quindecim ducatorum.

Item una alia ycona græca cum musaico parvissimo cum figura sancti Nicolai et cum argento deaurato cum figuris sanctorum doctorum græcorum. Ipsa ycona est valoris 30 ducatorum.

Item una alia acona (sic) de musaico græca cum sancto Michaele arcangelo usque ad medium ornata argento deaurato cum octo smaltis (30 ducats).

Item una alia ycona de musaico græca, cum assumpcione beatæ Mariæ, ornata argento deaurato cum quatuor smaltis (30 duc.).

(1) *Les Arts à la Cour des Papes*, t. II, p. 201 et suiv.

Item una alia ycona de musaico græca cum figura integra S. Marinæ, ornata argento pro parte deaurato (16 duc.).

Item una alia ycona græca cum musaico parvissimo, cum istoria quomodo dominus noster ressuscitat Lazarum cum ornatu argenteo in circuitu ejus (30 duc.).

Item una alia ycona græca cum musaico parvissimo, cum figura sancti Michaelis cum ornatu de argento in circuitu ejus (20 duc.).

Item una alia ycona græca peroptime argento deaurato ornata, cum parvissimo musaico, cum figura sancti Georgii. Ipsa ancona est valoris vigintiquinque ducatorum.

Item una alia yncona græca de musaico cum istoria Pentecostes, seu spiritus sancti, cum ornatu suo argento deaurato, cum duodecim festivitatibus sculptis (30 duc.).

Item una alia yncona græca de musaico cum sancto Basilio, usque ad medium ornata argento deaurato, cum sculpturis sanctorum (10 duc.).

Item una alia yncona, magna valde, græca de musaico cum viginti septem figuris ornata argento pro parte deaurato (100 duc.).

Item una alia yncona de musaico cum Virgine Maria usque ad medium cum filio suo, de musaico, ornata auro cum sculpturis duodecim festivitatum, prima est annuciacio, etc. non est tamen pulcra, sed ornatus est pulcerimus de auro purissimo et quatuor frustra in quibus sunt sculpturæ, ponderant unc. decem et tres partes, omnes clavi vero parvi de auro ponderant simul cum uno frustro auri quod sunt catenelæ quasi unam quartam partem unciæ (10 duc.).

Item una alia yncona græca de musaico, cum Virgine Maria cum filio in bracio, usque ad medium ornata argento pro parte deaurato (12 duc.).

Item una alia yncona græca de musaico cum Virgine et filio usque ad medium (8 duc.).

Item una alia yncona parva græca de musaico cum sancto Johanne Batista, perfecto opere (14 ducats).

Item una alia yncona græca de musaico cum ornatu argento deaurato, cum Virgine Maria integra cum filio in bracio et cum sancto Joanne Baptista integro et inter eos est in quodam vase unum caput S. Joannis Baptistæ (duc. 30).

Item una alia yncona græca de musaico subtilissimo cum S. Daniele profeta, cum ornatu argento pro parte deaurato (duc. 18).

Item una alia yncona græca cum virgine Maria integra sedente cum filio in braciis, de musaico, ornata argento pro parte deaurato cum S. Georgio, ut credo a dextris, et S. Nicolao a sinistris (duc. 20).

Item una alia yncona græca de musaico cum Christo Jhesu usque ad medium, ornata argento pro parte deaurato (duc. 15).

Item una alia ancona græca de musaico, cum sancto Michaele arcangelo, usque ad medium, ornata argento pro parte deaurato (duc. 15).

Item una alia ancona græca de musaico cum sancto Nicolao usque ad medium ornata argento pro parte deaurato (duc. 14).

Item una alia yncona græca de bono musaico sancti Joannis Baptistæ, ornata argento pro parte deaurato (duc. 14).

Item una alia yncona græca de musaico grossis-

simo cum uno sancto, credo S. Jo. Grisostomo et cum duabus figuris ad pedes (duc. C).

L'antiquaire Grimaldi († 1623) décrit plusieurs mosaïques portatives, léguées à la basilique de Saint-Pierre par le cardinal Bessarion († 1472) (1).

Ultra reliquias annotatas custodiuntur septem tabellæ antiquissimæ cum variis imaginibus et diversis reliquiis.

Prima, altitudinis unius palmi cum dimidio, cum effigie sancti Michaelis archangeli, ex opere mosayco minuto cum reliquiis sanctorum.

Secunda, similis pæcedenti, cum imaginibus Xpi et Apostolorum, designat ingressum quem habuit Salvator noster in die Palmarum in Jerusalem; est aliquantulum deleta, et habet reliquias sanctorum.

Tertia, similis ex opere mosayco antiquo et minuto cum effigie Salvatoris et reliquiis sanctæ Rufinæ virg. et mart.

Tabulæ duæ, una altera major, utraque antiquissima et in utraque reperitur depicta imago sancti Michaelis archangeli. Major donata ab Elisabetha serenissima Regina Siciliæ, licet hodie suis ornamentis spoliata, de qua inferius dicetur.

Tabulæ duæ similes, in quarum altera sunt annexa quinque imagines eburneæ, scilicet in medio effigies Christi sedentis, ex latere dextro sanctissimæ Virginis deiparæ, ex sinistra sancti Joannis Baptistæ,

(1) Voy. aussi sur ce legs : *Il Tesoro della Basilica di S. Pietro in Vaticano dal XIII al XV secolo*, que j'ai publié en collaboration avec M. Frothingham; Rome, 1883, p. 111 et suiv.

in inferiori vero parte apostolorum Petri et Pauli. In altera sunt quatuor aliæ similes imagines... (Voir la suite dans *les Arts à la Cour des Papes*, t. II, p. 298) (1).

Florence. Opera del duomo.

Les deux mosaïques que l'on y conserve sont d'un fini prodigieux. Les cubes n'ont pas un millimètre d'épaisseur. Dans les visages, ils sont joints avec une telle perfection qu'il est impossible de distinguer les interstices; il faut ajouter que, dans plusieurs parties, le vernis empêche de bien apprécier le travail de l'incrustation. Les cubes d'émail n'ont pas seuls été mis à contribution pour ce travail : le fond d'or se compose de cubes microscopiques en métal. La conservation de l'ensemble est des plus satisfaisantes; quant au style, il est accentué et mouvementé à l'excès, surtout dans les draperies. Les deux mosaïques représentent les douze grandes fêtes (scènes de la vie du Christ). Comme elles sont décrites et gravées dans le *Thesaurus veterum diptychorum* de Gori (t. III, p. 320 à 345, et supplément de Passeri, pl. I et II), il suffit de renvoyer, pour de plus amples détails, à cette publication qui se trouve dans toutes les bibliothèques.

La collection des Médicis, si déplorablement dispersée lors de la révolution de 1494, renfermait également un certain nombre de petites mosaïques byzantines. L'inventaire — encore inédit — de Laurent le Magnifique († 1492) en mentionne un certain nombre, dont on trouvera ci-dessous la description :

(1) Milan; Bibliothèque Ambrosienne : *Catalogus*, I, 87, fol. 71.

Un altra tavoletta quadra dentrovi uno san Giovanni Batista di musaicho fine fregio atorno di trafori e lettere d'ariento dorato, lavorato alla grecha = fiorini 25.

Un altra tavoletta maggiore dentrovi una fighura di san Giovan Batista da mezzo in su chon isguancio e freghatura d'ariento traforato e a lettere greche, chon 10 chompassi di meze figure di mosaicho = f. 80.

Un altra tavoletta maggiore di br. 2/3 in che è dentrovi una fighura di santo Piero da mezzo in su di musaicho, fregatura intorno d'ariento dorato, chon dieci chompassi entrovi più storiette di rilievo, lavoro grecho = f. 30.

Un altra tavoletta minore drentovi una Nostra Donna ritta di musaicho, un poco guasta, chon fregatura intorno d'ariento dorato compartita di fili, chon otto chompassi et chon mezze fighure et di mezzo rilievo = f. 20.

Un altra tavoletta tutta d'ariento e smaltato fregatura et chonpassi dua fighure in detto fregio, uno san Piero et uno santo Pagholo, una figura d'uno Christo in mezzo e ritta, di musaicho = f. 30.

Una tavoletta suvi una storia del Giudizio, di musaico, con freghatura d'ariento intorno con piu fogliami di mezo rilievo, otto chompassi, dentrovi meze fighure di mezo rilievo = f. 20.

Una tavoletta di mezo braccio, drentovi una Nuntiata di musaicho, fregatura atorno d'ariento dorato chon otto chompassi di traforo chon figure di mezo rilievo = f. 40 (1).

(1) Voir sur l'inventaire, auquel sont empruntés ces passages, la *Revue archéologique*, octobre 1879.

Venise. Saint-Marc.

Tableau en mosaïque de 0m, 20 de haut environ, représentant saint Jean-Baptiste, avec l'inscription Ο ΑΓΙΟC ΙΩ Ο ΠΡΟΔΡ. — Décrit par M. Julien Durand dans les *Annales archéologiques*, t. XXI, p. 102-103.

Santa Maria della Salute.

Mosaïque représentant la Vierge avec l'Enfant Jésus et portant l'inscription suivante : Μήτηρ θεοῦ ἡ Ἐλεοῦσα. — J. Durand, *loc. cit.*

ALLEMAGNE.

Donauwerth.

Gretzer s'exprime ainsi au sujet d'un reliquaire de la Vraie Croix conservé de son temps dans cette ville : « Septenas continet imagines ex opere tessellato, mosaico, seu musivo, quo imaginum genere olim Græci delectabantur (1). »

Fiorillo, qui décrit le même ouvrage comme se trouvant dans le couvent de la Sainte-Croix à Donauwerth, signale les figures de saint Jean-Baptiste, de saint Jean-l'Évangéliste, de saint Pierre, de saint Paul, de la Vierge avec l'enfant, et des archanges Gabriel et Michel (2).

(1) Ajoutons que M. J. Durand est disposé à croire qu'il s'agit d'émaux cloisonnés : *Annales archéologiques*, t. XXI, p. 103.

(2) *Geschichte der zeichnenden Künste in Deutschland und den vereinigten Niederlanden*, t. I; Hanovre, 1815, p. 93, 94.

Burtscheid.

L'abbaye possède une mosaïque que le chanoine Bock attribue, mais sans fondement sérieux, au Ve siècle. Cette image, qui mesure 1'10" de haut sur 10",3'" de large, représente saint Nicolas de Myra. Le saint est vu de face et à mi-corps; un nimbe ceint sa tête; de la main droite, il bénit selon le rite grec, de la gauche, voilée, il tient un livre. Des épaules descend un pallium orné de deux croix. A côté de lui est tracée cette inscription :

O N
A I
Γ K
I O
O A
C A
  O
  C

Le cadre qui entoure l'image est orné de bas-reliefs en argent, que M. Bock dit exécutés au XIIIe siècle, et de pierres en cabochon.

On trouvera la gravure et la description de cette mosaïque dans la brochure de M. Bock (1).

ANGLETERRE.

Londres. South Kensington Museum.

L'Annonciation, n° 7231.60, XII-XIIIe siècles, avec les inscriptions suivantes : Ο ΕΥΑΓΓΕΛΙΣΜΟC-ΜΡ ΘΥ. — Ο ΑΡΧΑΓΓΕΛΟΣ ΓΑΒΡΙΗΛ. — (Gravure sur bois dans la *Gazette des Beaux-Arts;* 1859, t. I, p. 157). L'auteur de l'article qui accompagne la gravure, M. A. Darcel, s'exprime ainsi au sujet de cette mosaïque : « Les petits prismes dont elle est formée, assemblés sur un lit de

(1) *Die Reliquien Schätze der ehemaligen gefürsteten Reichs Abteien Burtscheid und Cornelimünster*; Cologne, 1867, p. 16, 17.

cire qui les fixe, sont de même nature que ceux de la mosaïque du Louvre, mais de dimensions telles, et assemblées avec une si grande perfection, qu'il faut la loupe pour les distinguer par places. Les matières employées sont : l'or pour le fond, les lignes de l'architecture, celles des meubles et du pavage ; l'argent pour certains ornements ; le lapis pour les bleus, comme la robe de la Vierge, peut-être le vert antique, pour la robe de l'archange ; le rouge antique, pour le brun du manteau de la Vierge ; des pierres siliceuses pour les blancs, et probablement des pâtes de verre pour les teintes dégradées et le rouge. » — *Gazette des Beaux-Arts*, 1859, t. I, p. 157, 161, 162. Cette mosaïque, autrefois dans la collection Delange, a été acquise en 1859, au prix de 75 liv., par le South-Kensington Museum.

BELGIQUE.

Chimay. Église de SS. Pierre et Paul.

Petit tableau représentant le *Christ en buste*.— (Renseignement communiqué par M. Julien Durand.)

RUSSIE.

Saint-Pétersbourg. Collection Basilewsky.

« *Le prophète Samuel*, n° 79. Haut., 0m,155 ; larg., 0m,070. Un personnage nimbé, à longue barbe noire, coiffé de longs cheveux roux, vêtu d'une robe alaire d'or, à deux bandes verticales rouges, et drapé d'un ample manteau brun, pieds chaussés de sandales, debout, les deux mains ouvertes devant lui, tourné de profil à droite. Au-dessus, la main de Dieu bénissant à la grecque, sortant des nuages. Dans le haut, à gauche, quelques lettres d'une inscription grecque, qui doit être

CAM

OUHA

Fond de carreaux bleus et rouges alternés croisetés de blanc, seulement visible dans le bas. Bordure or, rouge, blanc et bleu ; seconde bordure en imitation peinte. Les petits cubes dont est formée cette mosaïque sont fixés sur une couche de cire blanche, apparente dans toute la partie supérieure du fond.

Saint Théodore, n° 80. Haut., 0m,080 ; larg., 0m,065. « Saint Théodore, vu jusqu'à mi-corps, de face, nimbé, la tête entourée d'une ample chevelure rousse, portant une barbe plus foncée terminée en pointe, vêtu d'une cuirasse brun roux, croisetée d'or avec épaulières à franges, en partie recouverte d'un manteau bleu agrafé sur l'épaule droite. A droite, la partie supérieure d'un bouclier bleu bordé de rouge, à ornements d'or, et traversant la figure de gauche à droite, une lance que doit tenir la main droite, entièrement disparue. Nimbe rouge, croiseté d'or, ponctué de blanc, fond d'or, portant de chaque côté de la tête deux cartouches bleus superposés, où sont inscrits en lettres d'or :

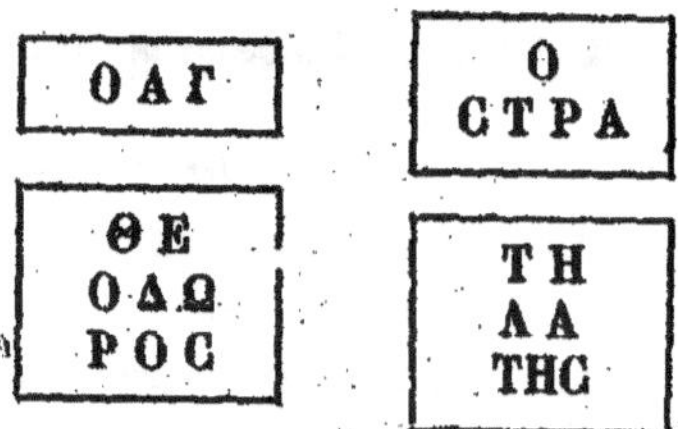

Petits cubes incrustés dans une couche de cire

blanche. » Darcel, *Collection Basilewsky*, *Catalogue raisonné*, p. 25.

Dans la description archéologique de Novgorod et de ses environs (Moscou, 1860, t. II, p. 163-166), l'archi-mandrite Macarius parle de six tableaux en mosaïque (icones) conservés au monastère d'Antoine le Romain. Mais, d'après une communication de M. Kondakoff, il s'agit d'émaux cloisonnés, non de mosaïques.

GRÈCE.

Mont Athos. Couvent de Vatopédi.

Tableau en mosaïque, représentant la Crucifixion. Comme caractéristique, le Christ porte un jupon descendant jusqu'aux genoux environ, et ses pieds sont cloués séparément. De chaque côté de la croix, en l'air, un ange qui se désole. A gauche saint Jean, à droite la Vierge avec le costume habituel. Le cadre paraît en argent doré et repoussé; douze scènes y sont figurées, parmi lesquelles on citera : l'Annonciation; la Naissance; la Présentation, la Mort de la Vierge; la Pentecôte; l'Ascension; les saintes Femmes au sépulcre; la Résurrection avec la Délivrance des limbes (Communication de M. Charles Bayet).

Voir également sur les mosaïques du Mont Athos la lettre de M. Odobesco, publiée dans les *Annales archéologiques*, t. XXVII, p. 261-263, et le compte-rendu de l'expédition de M. de Sevastianoff; *Ibid.*, t. XXI, p. 176.

Cennino Cennini (1) et Vasari parlent d'un genre de mosaïque qui offre de certaines analogies avec le précédent et qui se composait de fragments de coquilles d'œufs. « Gaddo Gaddi († vers 1333), nous dit Vasari, datosi a fare piccole tavolette di musaico, ne condusse alcune di guscia d'uova con diligenza e pacienza incredibile ; come si può, fra le altre, vedere in alcune che ancor oggi sono nel tempio di San Giovanni di Firenze Si legge anco che ne fece due per il re Ruberto, ma non sene sa altro (2). »

La galerie des Offices possède un petit tableau en mosaïque, représentant le Christ à mi-corps, vu de face, la main droite appuyée contre sa poitrine ; dans la gauche, un livre ouvert, contenant des caractères grecs. A côté de lui l'inscription IC XC. La mosaïque se compose des petits fragments en question (pezzi di guscii d'uovo) ; le fond est doré ; une sorte de méandre sert de bordure (3).

(1) *Il libro de l'arte*, éd. Milanesi, p. 123-125.

(2) Édit. Milanesi, t. I, p. 348. Cf. Labarte, *Histoire des Arts industriels*, nouvelle édition, t. II, p. 380.

(3) Vasari-Milanesi, *loc. cit.*

Gand, Imp. Henri [illegible], 2 rue Froide.

FACULTÉ DE DROIT DE PARIS.

THÈSE

POUR

LA LICENCE.

L'acte public sur les matières ci-après sera soutenu

Le jeudi 14 août 1834, à deux heures,

PAR

CHARLES-JACQUES CHARREYRON,

Né à Bellac (Haute-Vienne).

PRÉSIDENT : M. MORAND, PROFESSEUR.

SUFFRAGANS. MM. BLONDEAU, DURANTON, BUGNET, PROFESSEURS. OUDOT, SUPPLÉANT.

Le Candidat répondra en outre aux questions qui lui seront faites sur les autres matières de l'enseignement.

PARIS

IMPRIMERIE DE HENRI DUPUY,

RUE DE LA MONNAIE, 11.

1834

A MON PÈRE. — A MA MÈRE.

JUS ROMANUM.

De heredibus instituendis.

(Dig. xxvjii, 5.)

Heres intelligitur successor in universum jus quod defunctus habuit; ut valeat testamentum, heredis institutio in eo necessè inveniri debet, nam est caput et fundamentum totius testamenti. Videre est indè, heredis institutionem non solùm solemnem, sed etiam necessariam designationem esse, ejus quem nobis heredem volumus. Scripta esse vel non potest heredis institutio ; si non, nuncupativæ nomen accipit.

Tripartitæ divisioni hanc materiam subjiciens, dicendum erit infrà; primò quas personas heredes, secundò quibus modis eas instituere licet, tertiò tandem inter eas quomodò distribuatur hereditas.

Qui possint heredes institui.

In principio, digestorum jure ut quis heres validè institueretur, duæ erant necessariæ conditiones. Persona ejus certa esse debebat, debebat quoque testator, cum eo factionem testamenti habere. Primam harum conditionum abolevit Justinianus duobus locis, scilicet: Institutionibus, § 12, h. T. et ibidem, § 27, T. XX. *De legatis*. Sic municipia, collegia, pauperes, qui antiquo jure, quia corpus incertum constituunt, institui non nisi speciali privilegio poterant, rectè posteà instituebantur. Nullâ autem posteriori lege, temperata fuit secunda conditio, strictèque necessaria est testamenti factio. Certis temporibus requiritur, scilicet : primùm, cùm suum facit testamentum testator, si illo enim tempore, instituto cum herede factionem testamenti non haberet, catonianam secundùm regulam, frustrà sibi heredem daret; et deindè ad mortem testatoris, si pure delatam hereditatem, statim ac moriatur testator, heres adierit. Sed si sub conditione defertur hereditas, an ad

eventum conditionis, jus factionis testamenti extiterit, inspiciendum est. Nam jus heredis, eo maximè tempore inspiciendum, quo adquirit hereditatem. Media autem tempora non nocere dicuntur.

Peregrini et deportati testamenti factione carentes, heredes institui nequeunt. Eis tamen personis, quarum nulla erat institutio, antiquis legibus quædam aliæ adjiciendæ erant, quibus permissum erat, intrà certam quantitatem tantummodò hereditatem capere; veluti mulieres et orbi. Sed hæc posteà insoluere leges.

Liberos homines nobis heredes instituere possumus, servos quoque, et tam proprios quam alienos. Ut valeret in primis, servi nostri institutio, ei necesse erat cum institutione libertatem conferre; sed Justinianus posteà constituit, ut ex eo solo quod servus, domino heres designatus esset, presumeretur ei derelicta libertas, dummodò in eâdem causâ mansisset. In solo casu non confert dominica potestas, jus proprios servos nobis heredes designandi; mulier enim si servum adulterii accusatum, cum quo de ejusdem criminis rea est heredem instituat, rectè quidem non fecerit, ut significatur, divorum Severi et Antonini constitutione : « Servum adulterii accusatum, non jure testamento ma-
» numissum antè sententiam, ab eâ muliere videri, quæ rea fuerit ejus-
» dem criminis postulata, rationis est quare sequitur, ut in eumdem à
» dominâ collata institutio nullius momenti habeatur. »

Ignominiosum erat apud Romanos, sine herede decedere. Hæc turpis infamiæ nota, ut memoriæ defuncti non hæreret, permissum fuit testatori, lege Æliâ Sentiâ, sibi servum heredem constituere, vel in fraudem creditorum.

Prospiciendum est, alienum cùm servum instituemus, an sit nobis cum domino ejus factionem testamenti, nam quotiès de instituendis heredibus agitur, servi locum dominorum tenere censentur. Hereditas quoque antequam adita sit, vicem defuncti sustinet : servi ergò hereditarii validè institui possunt.

Ab hostibus captum rectè institueris, quia ut dicitur D. h. T. L. 32. § 1er, jure postliminii, omnia jura civitatis in personam ejus in suspenso retinentur, non abrumpuntur.

Quibus modis heres instituatur.

Testatoris observanda præsertìm voluntas, nam causa est efficiens institutionis, nec potest ortum habere, et dependere ex alienâ voluntate.

Nemo igitur institui potest, nisi certè demonstretur. Sed quotiès etiam manifesta erit testantis voluntas, valida erit institutio. Hæc heredis demonstratio quibuscunque verbis fieri potest; si quis ergò Titium instituere voluerit, rectè faciat dicendo puta : Titius heres esto, Titius heres sit, Titium heredem esse jubeo, etc. Nulla deniquè præscripta est verborum conceptio. Heredis institutioni, quæ antiquo jure, plerumque initium testamenti facere debebat, nullus deindè locus assignatus est. Nam Justinianus incivile putans, ordinem scripturæ sequi dùm sperneretur testatoris voluntas, valida esse legata instituit vel antè heredis institutionem scripta.

Unicum heredem vel plures testator constituere potest, sed sive unus aut plures instituti sint, integram hereditatem adquirunt. Hoc sequitur enim ex his verbis quibus definitur heres : *Successor in universum jus quod defunctus habuit.* Sic si heres unicus, pro parte tantùm instituatur, ad totam hereditatem veniet; quod quoque confirmat regula sequens : *Nemo nisi militaris, ex parte testatus, et ex parte intestatus decedere potest.*

Pure vel sub conditione, hereditas ad aliquem rectè conferri potest. Sed si die vel ad diem daretur, hoc inutilè stricto jure testator fecisset. Nam primùm : semel heres semper heres; deindè quidem testator, usque ad diem dictum intestatus, postque testatus videretur; id quod ut supra diximus fieri nequit. Sed Romanorum moribus, hìc indulgendum erat. Neminem enim intestatum decedere, id quod apud eos turpe erat, velle censebant; pro supervacua igitur hæc diei indicatio habebatur, et non minus institutio valebat. Inspiciendum erat verò, an certus vel incertus dies esset, nam dies incertus in testamento conditionem faciebat. Impossibiles etiam conditiones in testamento scriptæ, nullam vim obtinent.

Finis institutionis est, ut heres hoc digniore titulo honoratus, in jus testatoris, exclusis heredibus ab intestato, succedat. Testator honorare, non gravare heredem velle presumitur. (Wesembecii. Comm. in Pand.) Si quis ergò heredem instituat calumniæ causâ, ut potens alicui adversarius suscitetur, hæc institutio finem inhonestum præstans nulla erit. Invidiosum est enim, ut dicitur à Paulo L. 91. h. T. imperatorem litis causâ heredem institui, nec calumniæ facultatem, ex principali majestate capi oportet.

Inter heredes quomodò distribuatur hereditas.

Hereditas plerumque (nam suo arbitrio, plures paucioresve partes testator rectè constituit) in duodecim uncias dividitur, quæ assis appellatione continentur. Habent autem et hæ partes propria nomina ab unicâ usquè ad assem. Puta : L. 50. D. h. T.

Sextans. .	seu duæ unciæ.	Septunx.	seu septem unciæ.
Quadrans.	seu tres unciæ.	Bes.. . .	seu octo unciæ.
Triens.. .	seu quatuor unciæ.	Dodrans.	seu novem unciæ.
Quincunx.	seu quinque unciæ.	Dextans.	seu decem unciæ.
Semis. . .	seu sex unciæ.	Deunx. .	seu undecim unciæ.

Si omnes heredes, singuli ex certâ ac expressâ parte scripti sunt, quisque eorum partem sibi assignatam testamento retinere debet, licet partes sint dispares. Si omnes sine partibus expressis instituti sunt, partibus æquis inter eos distribuenda est hereditas. Si quidam autem ex certis expressisque partibus, alii verò sine partibus scripti sint, tunc quid juris? partes si expressæ assem non complent, distribuendum erit eis, qui sine parte scripti sunt, quod de asse superest. At asse expleto, heres sine parte scriptus in alium assem veniet. Hæc nova divisio hereditatis in duobus assibus dupondium, in tribus tripondium et sic deindè vocatur, utilis est maximè, ut partes à testatore non expressæ, demonstrentur, sed his cognitis facilè omnes ad assem revocantur.

In eo casu quo omnes heredes, singuli ex certâ parte scripti sunt, fieri potest, ut partes illæ assem excedant vel non complent. Tunc juris est ut ait Ulpianus, hæc pro rata decrescere aut crescere.

Attentè scrutandum, quibus verbis concepta fuerit heredis institutio. Interest enim multùm conjuncta an disjuncta sit; nam heredes plures institutione conjuncti, virilem tantùm partem hereditatis obtinent; si contrà disjuncti sint, hereditatis pars virilis eorum cuicui attribuitur.

Ne quis partim testatus, partim intestatus decederet, jus adcrescendi inter heredes constitutum est. Non ad personas sed ad partes hereditatis spectat. Hìnc, si totam hereditatem, aut partem, ex quâ quis heres institutus est, tacitè rogatus sit restituere, apparet nihil ei debere adcrescere, quia rem non videtur habere. L. 83. D. 29. 2. *De acq. vel omitt. hered.*

DROIT FRANÇAIS.

(Code civil, liv. III, tit. 2, chap. 1, 2 et 3, art. 893—931, excepté 896, 897, 898.)

Des donations entre-vifs, et des testamens.

Le droit de disposer de ses biens, établi dans la loi des Douze-Tables d'une manière absolue : *uti quisque legâssit suæ rei ita jus esto*, reçut plus tard une restriction. Les liens d'affection nés du sang, rompus par l'intérêt froissé, le scandale trop fréquent d'étrangers enrichis au préjudice d'enfans injustement dépouillés du patrimoine de leur père, vinrent dévoiler le vice attaché à l'exercice illimité de ce droit. Il parut sage alors d'enlever au père de famille une partie de cette liberté excessive ; ne pas la détruire entièrement, mais y apposer des limites, concilier en un mot ce droit naturel avec l'intérêt de la famille : voilà quel fut le devoir des législateurs. Mais chez nous où la puissance paternelle est loin d'avoir cette extension qu'elle avait chez les Romains, pour être en harmonie avec nos mœurs, les lois ont dû consacrer d'une manière plus large encore et plus libérale le principe de la réserve.

Indépendamment des actes de dernière volonté, il existait deux autres manières de disposer de ses biens à titre gratuit ; savoir : les donations à cause de mort, et les donations entre-vifs.

La donation à cause de mort est définie par Touiller : « une convention par laquelle une personne donne à une autre qui accepte, » mais de telle manière que la propriété de la chose donnée ne passe » irrévocablement au donataire qu'à la mort du donateur. » L'aspect de libéralité que semble offrir ce mode de disposer a dû, pendant de longues années, le faire accueillir avec faveur ; il fallait, pour l'effacer de

nos lois, que l'expérience fit sentir les abus auxquels il pouvait donner naissance. Comme cette manière de transmettre ses biens à titre gratuit n'a pas un caractère tranché, qu'elle participe tantôt du testament, tantôt de la donation entre-vifs, elle soulevait une foule de contestations; l'art. 3 de l'ordonnance de 1731 les fit cesser en abrogeant en principe les donations à cause de mort. Cette abrogation, maintenue dans le Code civil, est exprimée formellement dans l'art. 893.

L'origine des donations entre-vifs est au moins aussi ancienne que celle des testamens. Cette faculté de donner a pris sa source dans le droit des gens, et les formes qui lui ont été imposées dérivent du droit civil. Ces donations, ainsi que les testamens, ont été consacrées par le Code civil, comme les deux seules manières de disposer de ses biens à titre gratuit. Mais ce droit de disposer de ses biens n'a pas été accordé à toutes personnes; il en est chez qui la loi n'a pas reconnu la capacité de faire de pareilles dispositions, d'autres qu'elle a déclarées incapables d'en profiter. Après avoir défini d'une manière précise, ce qu'on entend par donation et par testament, signalé leurs différences, parlé de l'effet des conditions qui peuvent leur être imposées, nous verrons :

1°. Quelles sont les personnes qui jouissent du droit de disposer ou de recevoir;

2°. Quelle est la quotité disponible;

3°. Comment s'opère la réduction.

Le testament, comme le définit l'art. 895, est un acte par lequel le testateur dispose, pour le temps où il n'existera plus, de tout ou partie de ses biens, et qu'il peut révoquer.

La donation entre-vifs, suivant l'art. 894, est un acte, et ici il faut attacher au mot *acte* le sens que les Romains donnaient au mot *instrumentum*, par lequel le donateur se dépouille actuellement et irrévocablement de la chose donnée, en faveur du donataire qui l'accepte.

Comme on peut le voir d'après ces définitions, ces deux modes de disposer sont bien différens. Le testament est révocable, *ambulatoria est hominis voluntas, usque ad extremum vitæ spiritum*. La donation au contraire est irrévocable. Le testament peut avoir pour objet des biens présens et à venir; tandis qu'il n'y a que les biens présens, sauf quelques exceptions établies en faveur du mariage, qui puissent être sujets à donation. Dans le testament, la volonté du testateur seul est requise; la donation n'est parfaite que par le concours de deux volontés.

S'il est permis à tout homme, qui se dépouille de ses biens en faveur d'un autre, d'imposer à cette libéralité des charges, des conditions ; le législateur devait veiller à ce qu'elle ne devînt pas illusoire, par la prescription de conditions impossibles à réaliser. Il devait aussi empêcher qu'on ne prescrivît rien de contraire aux lois et aux mœurs. Aussi, malgré les dispositions de l'art. 1172 du Code civil, il n'en reste pas moins établi dans la teneur de l'art. 900, que même dans toute dispositions entre-vifs, les conditions impossibles, celles qui sont contraires aux lois et aux mœurs, seront réputées non écrites.

Quant aux testamens, les rédacteurs du Code civil n'ont rien innové ; le principe général posé dans l'art. 900, qui s'applique également aux actes de dernière volonté et aux donations, a été puisé dans la législation romaine ; il a été seulement établi dans nos lois sur une base plus étendue. Les Romains, en effet, l'admettaient pour les institutions d'héritiers, les legs, les fidéicommis, mais le rejetaient pour les donations entre-vifs. Dans notre législation, au contraire, il s'applique indistinctement à ces différentes dispostions.

Quelles sont les personnes qui jouissent du droit de disposer ou de recevoir?

Toutes personnes peuvent disposer et recevoir, soit par donations entre-vifs, soit par testament, excepté celles que la loi en déclare incapables. (Art. 902.) Il est facile de voir, d'après les termes de cet article, que la capacité est le principe, l'incapacité l'exception.

Les incapacités se divisent en incapacités qui empêchent à la fois de donner et de recevoir, en incapacités qui empêchent de donner, et enfin en incapacités qui empêchent de recevoir.

Le mort civilement est le seul qui soit frappé, d'après l'art. 25, de la double incapacité de donner et de recevoir, à moins, dans ce dernier cas, que la disposition faite en sa faveur ne soit purement alimentaire. Mais pour lui faire l'application des dispositions de l'art. 25, relatives à son incapacité, il faut avoir soin d'établir une différence entre la donation entre-vifs et le testament. La donation ayant un effet instantané, il suffit que le donateur ait le droit de disposer, le donataire celui de recevoir au moment même de la donation. Le testament, au contraire, n'ayant d'effet qu'après la mort du testateur, il faut que ce dernier ait

le droit de disposer, d'abord lors de la confection du testament, ensuite à son décès. Quant à celui qui doit profiter de la disposition, sa capacité n'est exigée qu'à la seconde de ces époques, celle de l'ouverture de son droit.

Donner, c'est aliéner : il faut donc, pour qu'une personne puisse valablement disposer à titre gratuit, qu'elle soit capable de consentir une aliénation. C'est avec raison que l'on a privé de l'exercice de ce droit les personnes incapables de manifester une volonté. La première chose à faire pour savoir si un testament ou une donation sont valables, est d'examiner si le disposant était *sain d'esprit*. La loi, par cette expression dont le sens est très-étendu, a abandonné à la sagesse des magistrats l'appréciation des circonstances qui conduisent à décider s'il y a pu y avoir ou non manifestation réelle de volonté.

L'art. 903 interdit au mineur, âgé de moins de seize ans, toute espèce de dispositions; on a craint qu'avant cet âge il n'eût pas une maturité de jugement assez forte pour le rendre inaccessible aux captations de personnes intéressées. Il eût été dangereux de confier à des mains si débiles le maniement d'un droit aussi important. On a cependant introduit une exception en faveur du mariage : il lui est permis alors de disposer au profit de son conjoint, mais néanmoins avec l'assistance de ceux dont le consentement est requis pour son mariage. Une fois que le mineur a atteint l'âge de seize ans, on le relève d'une partie de son incapacité ; il peut valablement disposer, suivant l'art. 904, de la moitié des biens dont la loi permet au majeur la libre disposition, mais seulement par testament. Cet acte étant essentiellement révocable, on a pu sans danger lui conférer la faculté de s'en servir. Plus tard, éclairé par l'expérience, il pourra revenir sur des dispositions consenties avec trop de facilité.

La puissance maritale exigeait que la femme ne pût, sans le consentement de son mari, ou, à défaut de ce consentement, sans autorisation de justice, disposer entre-vifs de tout ou partie de ses biens. La loi n'a porté aucune atteinte à sa faculté de tester; le testament n'ayant d'effet qu'après la mort du testateur, on n'a pas dû priver la femme mariée de l'exercice d'un droit qui ne vient à s'ouvrir qu'alors que toute puissance maritale a cessé d'exister.

Dans le Code de commerce, à l'art. 444, nous voyons aussi une restriction au droit de disposer. Le failli est déclaré incapable de faire au-

cunes donations d'objets immobiliers dans les dix jours qui précèdent la faillite; mais ces donations sont seulement nulles relativement à la masse des créanciers : le donateur serait non recevable à invoquer cette nullité.

Après avoir parlé des personnes qui ne peuvent disposer de leurs biens, nous allons voir celles qui sont incapables de recevoir. Est incapable d'une manière absolue, celui qui n'est pas conçu au moment de l'acte, s'il s'agit d'une donation; lors du décès du testateur, s'il s'agit d'un testament. Toutefois la disposition qui rend incapable de recevoir l'enfant qui n'est pas même conçu, ne s'applique pas aux dons de biens à venir, ni aux dispositions à charge de conserver, comme on peut le voir aux articles 1082 et 1048. La fiction du droit romain : *infans conceptus pro jam nato habetur, quoties de ejus commodis agitur,* a été introduite dans nos lois. Ainsi, la disposition faite en faveur d'un enfant conçu sera valable, pourvu qu'il soit né *viable*. Mais l'appréciation de ce fait tombe le plus ordinairement dans le domaine de la médecine légale.

Si par condescendance pour la puissance maritale, il a été interdit à la femme mariée de disposer entre-vifs sans l'accomplissement préalable de certaines formalités, l'intérêt des mœurs exigeait aussi qu'elle ne pût recevoir sans que son acceptation ne fût autorisée par le mari, ou, à son défaut, par justice.

Les étrangers qui, sous l'empire de l'art. 912 du Code civil, ne pouvaient recevoir en France, que dans le cas de réciprocité pour les Français à l'étranger, ont été relevés de cette incapacité par une loi du 14 juillet 1819, qui leur accorde la même aptitude à disposer et à recevoir que celle dont jouit tout citoyen français.

Il est des personnes qui, ayant le droit de recevoir, sont néanmoins privées de l'exercice de ce droit vis-à-vis d'autres personnes; c'est ce qui constitue l'incapacité relative de recevoir. Cette incapacité frappe le tuteur; il ne pourra, comme il est dit en l'art. 907, recevoir, par aucune espèce de dispositions gratuites, du mineur dont il a géré la tutelle, bien que ce mineur ait atteint sa majorité avant que le compte définitif de tutelle ait été rendu et apuré. Il est facile de s'expliquer une pareille prohibition; l'influence que le tuteur aurait pu exercer sur son pupille l'a suffisamment motivée. Mais cette crainte devait tomber devant le respect dû aux ascendans du mineur; on leur a supposé des motifs d'af-

fection assez puissans, pour présumer qu'ils feraient le sacrifice de leur intérêt personnel chaque fois qu'il s'agirait de celui du pupille.

L'enfant naturel ne peut recevoir, par donations entre-vifs ou par testament, rien au-delà de ce qui lui est accordé au titre des successions, art. 908. Il repousse à une saine morale de voir la punition des fautes du père tomber sur ses enfans ; on ne saurait comprendre cette rigueur de la loi sans le respect dont elle a voulu entourer les unions légitimes. *Dura lex, sed lex.*

C'est surtout à l'époque où le moral de l'homme s'affaiblit en raison des ravages que l'âge et la maladie exercent sur son corps, que la sollicitude du législateur devait le plus vivement être excitée. Son devoir était de veiller à ce que ceux qui assistent le malade dans ses derniers momens n'abusassent pas de sa faiblesse pour lui extorquer des dispositions, auxquelles trop souvent sa volonté n'eût pas pris part. Il fallait le garantir de l'influence des personnes qui, par leur profession, sont appelées à porter des secours aux malades, il fallait aussi le protéger contre une influence non moins forte : l'influence religieuse. Cette tâche a été accomplie par les rédacteurs du Code civil, dans l'art. 909, qui tout en empêchant le malade de faire valablement des donations entre-vifs ou des dispositions testamentaires en faveur des médecins, chirurgiens, officiers de santé et pharmaciens qui l'ont assisté dans sa dernière maladie, n'a pas voulu que les soins donnés par ces différentes personnes restassent sans récompense. Les magistrats devront apprécier si, sous le titre de dispositions rémunératoires, le disposant n'a pas excédé les limites de sa capacité. Sont exceptées, selon le même article, les dispositions universelles dans le cas de parenté jusqu'au quatrième degré inclusivement, pourvu toutefois que le décédé n'ait pas d'héritiers en ligne directe ; à moins que celui au profit de qui la disposition a été faite ne soit lui-même du nombre de ces héritiers.

Les hospices, les pauvres, les communes, peuvent, comme de simples particuliers, recevoir les donations qui leur sont faites ; mais une autorisation spéciale du gouvernement leur est nécessaire pour accepter valablement de pareilles dispositions.

Il eût été facile, sous le nom de contrats à titre onéreux et au moyen de personnes interposées, d'éluder les règles posées en cette matière, si la sanction portée dans l'art. 911 ne fût venu en assurer l'exécution.

Quelle est la quotité disponible?

On entend par quotité disponible, la portion de biens dont on peut valablement disposer, tant envers les étrangers qu'envers ses propres enfans; par réserve, au contraire, la portion dont le propriétaire ne peut disposer, et qui est *réservée* à certaines personnes; d'où il suit que quotité disponible et réserve sont deux expressions corrélatives.

Le droit de réserve, basé sur l'amour réciproque du père et de ses enfans, n'a pas été établi en faveur des collatéraux; il n'existe qu'en ligne directe, tant ascendante que descendante, et frappe également sur les testamens et les donations entre-vifs. On n'a privé l'homme de la faculté naturelle de disposer de l'universalité de ses biens que pour assurer une part dans son patrimoine aux parens qui lui sont unis par les liens du sang les plus rapprochés; mais aussitôt qu'il n'a plus ni ascendans ni descendans, il rentre alors dans la plénitude de l'exercice de ce droit. 916.

Il y a deux espèces de réserves : l'une en faveur des descendans, et qui, comme le dit Grenier, est du droit naturel; l'autre en faveur des ascendans, qui tient plus particulièrement au droit civil et positif. Après avoir examiné chacune d'elles, nous établirons les règles qui leur sont communes.

La réserve des *enfans*, et ici il faut donner à ce mot, suivant l'art. 914, l'extension la plus large qu'il puisse comporter, n'est pas fixée d'une manière générale et absolue. Elle est plus ou moins grande, suivant qu'ils sont plus ou moins nombreux. Elle sera de moitié si le disposant ne laisse à son décès qu'un enfant légitime, des deux tiers s'il laisse deux enfans, des trois quarts s'il en laisse trois ou un plus grand nombre. Les descendans au-delà du premier degré, ne sont comptés que pour l'enfant au premier degré dont ils descendent.

La loi n'a pas seulement établi la réserve en faveur des enfans légitimes. « L'art. 913 ne dit pas qu'il n'y a point de réserve en faveur des » enfans naturels, et l'art. 916, ajoute M. Touiller, porte qu'à défaut » d'ascendans et de descendans, les libéralités par acte entre-vifs ou » testamentaires, pourront épuiser la totalité des biens; il faut remar- » quer qu'il n'a point ajouté à défaut de descendans *légitimes*, mais » seulement à défaut de descendans. » Pour voir quelle est la quotité de cette réserve qui résulte de l'art. 913 combiné avec l'art. 761, il

s'agit de consulter ce dernier article. Les enfans adoptifs appelés, par l'art. 350, à jouir, sur les biens de l'adoptant, des mêmes droits que les enfans nés du mariage, ont conséquemment les mêmes droits à la réserve.

La réserve des ascendans sera de la moitié des biens du disposant, s'il laisse un ou plusieurs ascendans dans chacune des lignes paternelle et maternelle; elle est seulement du quart, s'il n'y a d'ascendans que dans une ligne, 915. Ils ne sont appelés à la recueillir qu'à défaut d'enfans et dans l'ordre où ils viendraient ab intestat. Ainsi, si le disposant a des frères, les ascendans autres que père et mère sont exclus aux termes de l'art. 750. Il n'est guère possible de se rendre raison des dispositions différentes des art. 915 et 750. Dans l'un on accorde une réserve aux ascendans, et on la refuse aux frères et sœurs; dans l'autre, on donne aux frères et sœurs la préférence sur les ascendans. Du reste l'application de ces articles ne présente pas de grandes difficultés.

Dans un cas déterminé par l'art. 1094, quand les dispositions seront faites en faveur de l'époux du donateur, la réserve des ascendans sera bornée à la nue propriété seulement de la portion qui compose cette réserve.

Lorsque le donateur ou le testateur aura disposé d'un usufruit ou d'une rente viagère, dont la valeur excède la quotité disponible, la loi laisse aux héritiers réservataires la liberté d'exécuter cette disposition, ou de faire l'abandon de la propriété de la quotité disponible. Comme il est assez difficile d'établir d'une manière exacte l'appréciation de pareils droits, dont la durée est incertaine, ce sera aux héritiers à s'arrêter au parti qui leur semblera le plus avantageux.

Pour que le donataire et le légataire, venant à la succession du disposant, ne soient pas tenus de rapporter la quotité disponible, pour qu'elle leur soit valablement acquise, soit par acte entre vifs, soit par testament, il faut qu'il soit dit expressément que la disposition a été faite à titre de préciput ou hors part. Il n'est pas nécessaire que cette déclaration se trouve dans l'acte même, qui confère un avantage; elle pourra être faite postérieurement, mais dans la forme des dispositions entre-vifs ou testamentaires (919). Le préciput peut néanmoins résulter dans certains cas de dispositions tacites; ces cas sont déterminés dans l'art. 918. Aux termes aussi du même article, lorsque le donateur ou le testateur auraient, dans l'espèce de disposition dont il y est parlé, excédé la quotité disponible, le rapport de l'excédant ne pourra être demandé par

ceux des autres successibles en ligne directe, qui auraient consenti à ces aliénations; ni dans aucun cas, par les successibles en ligne collatérale.

De la réduction des donations et des legs.

Il fallait nécessairement, pour maintenir l'intégrité de la réserve, établir que toute disposition, soit entre-vifs, soit par le testament, excédant la quotité disponible, serait sujette à réduction. Elle n'aura lieu, aux termes de l'art. 920, que lors de l'ouverture de la succession; ainsi, pour décider s'il doit y avoir ou non réduction, ce ne sera pas la valeur des biens qu'avait le disposant lors de la donation, qu'il faut considérer, mais celle des biens qu'il laisse à son décès, car c'est seulement à cette époque que vient à s'ouvrir le droit des réservataires.

L'art. 921 détermine quelles sont les personnes à qui il est permis de demander la réduction. Les termes de cet article ne sont pas énonciatifs, mais bien limitatifs. Cette action ne peut être intentée que par ceux au profit desquels la loi fait la réserve par leurs héritiers ou ayant-cause. Les législateurs n'ont pas jugé à propos d'accorder ce droit aux donataires, aux légataires, ni même aux créanciers du défunt. La réserve n'a été établie que pour forcer en quelque sorte le père de s'acquitter des devoirs que la nature lui prescrit à l'égard de ses enfans. Tant que ceux-ci ne sont pas blessés de l'inobservation de ces devoirs, on ne devait pas admettre les réclamations de personnes que l'on n'avait pas eu pour but de favoriser. Sur quels motifs d'ailleurs les donataires et légataires viendraient-ils fonder leurs réclamations? Leurs droits sont-ils froissés? Leur condition de participer à des libéralités qui ne sont pas dues, n'est-elle pas déjà assez avantageuse? Quant aux créanciers, c'est différent; mais on peut victorieusement repousser leur demande par les objections suivantes : si leur créance est antérieure aux dispositions qui ont absorbé et au-delà la quotité disponible, pourquoi ne pas avoir exigé de sûretés lors des obligations que l'on a contractées envers eux? Si d'ailleurs ces dispositions sont faites en fraude de leurs droits, ils peuvent invoquer l'art. 1167. Si, au contraire, leur créance est postérieure, de quoi se plaindraient-ils? A-t-on diminué leurs sûretés? C'était à eux à prendre des renseignemens plus positifs sur la fortune de celui avec lequel ils ont contracté.

Bona non intelliguntur nisi deducto œre alieno. Après avoir formé la

masse de tous les biens, en suivant la marche tracée par l'art. 922, qui consiste à faire la somme des biens qui existent au décès du donateur ou testateur, y avoir ajouté celle des biens, dont il a été disposé par donations entre-vifs, en les estimant d'après leur état à l'époque des donations, et leur valeur au temps du décès (c'est-à-dire comme s'ils ne fussent jamais sortis des mains du donateur), la première opération est de retrancher les dettes du défunt, et ce préalable rempli, de calculer la réserve sur le reste, eu égard à la qualité et au nombre des héritiers.

Mais chaque fois aussi que le passif absorbera l'actif laissé par le testateur lors de son décès, on n'y aura pas égard, et on calculera la réserve sur la somme des dispositions entre-vifs. En suivant une autre marche dans ce dernier cas, il arriverait que les héritiers seraient toujours privés de tout ou partie de leur réserve, et que, contrairement à l'art. 921, elle profiterait aux créanciers.

Ce sont les dernières dispositions, qui sont censées excéder la quotité disponible : aussi la réduction devra porter d'abord sur les dispositions testamentaires, parce qu'elles sont postérieures aux donations; mais si elles sont insuffisantes pour parfaire la réserve, on attaque alors les dispositions entre-vifs, en ayant soin de commencer par celle dont la date est la plus récente, et de remonter ainsi de suite, jusqu'à ce que la réserve soit complétée. Si on eût adopté une autre marche, on aurait en quelque sorte permis d'altérer le caractère essentiel des donations, leur irrévocabilité. Car si la réduction eût porté indistinctement sur toutes les donations, sans avoir égard aux dates, le donateur, pour annuler l'effet des donations antérieures, n'aurait eu qu'à excéder par des dispositions postérieures la quotité dont on lui a permis de disposer. Pour abréger les partages, l'art. 924 décide que : « Si la donation entre vifs » réductible a été faite à l'un des successibles, il pourra retenir, sur les » biens donnés, la valeur de la portion qui lui appartiendrait comme » héritier, dans les biens non disponibles, s'ils sont de la même na- » ture. »

L'art. 925, qui porte que toutes les dispositions testamentaires seront caduques lorsque le donateur aura épuisé la quotité disponible par des dispositions entre-vifs, est une conséquence forcée de 923.

Comme le droit qui résulte des dispositions testamentaires vient à s'ouvrir pour toutes au même instant, on ne pouvait établir entre elles de cause de préférence. Ainsi, lorsqu'elles seront plus que suffisantes

pour parfaire la réserve, les légataires, soit à titre universel, soit à titre particulier, devront y contribuer sans aucune distinction entre eux, au prorata de la part de biens qui leur est dévolue par le testament. Il y aura néanmoins cause de préférence entre les légataires, lorsque le testateur aura expressément déclaré qu'il entend que tel legs soit acquitté de préférence aux autres. Le legs qui, dans ce cas, sera l'objet de cette faveur spéciale, ne sera réduit qu'autant que la valeur des autres ne remplirait pas la réserve légale (927). Mais dans tous les cas, la réduction portera sur ce legs avant d'atteindre les donations (923).

Possesseur de bonne foi des objets qui lui ont été donnés, le donataire en cette qualité ne devra pas rendre compte des fruits perçus avant le décès du donateur; jusqu'à cette époque en effet, il ignore si la libéralité faite à son égard sera sujette à réduction. Mais il devra ces mêmes fruits, à partir du jour du décès, si la demande en réduction est faite dans l'année, sinon du jour de la demande (928).

Le principe de droit : *Nemo plus juris in alium transferre potest, quam ipse habet*, reçoit application dans l'art. 929, ainsi conçu : « Les » immeubles à recouvrer par l'effet de la réduction le seront sans charge » de dettes ou hypothèques créées par le donataire. »

La faculté de poursuivre leur réserve, accordée aux héritiers réservataires, n'est pas seulement bornée aux donataires eux-mêmes; mais l'art. 930 vient encore fortifier leur droit et ménage en même temps celui des tiers acquéreurs. Il accorde, il est vrai, aux réservataires le droit de poursuivre les biens de leur auteur, jusque dans les mains des tiers détenteurs; mais, avant de les troubler dans leur possession, ils doivent préalablement discuter les biens propres des donataires, et ce n'est qu'en cas d'insuffisance qu'ils ont alors recours contre les tiers. Ils doivent aussi, pour exercer leur recours, suivre l'ordre des dates des aliénations en commençant par la plus récente, car c'est toujours la dernière qui empêche qu'on ne trouve dans les biens du donataire de quoi parfaire la réserve.

FIN.

www.ingramcontent.com/pod-product-compliance
Lightning Source LLC
LaVergne TN
LVHW010222230826
846091LV00008BB/3622

www.ingramcontent.com/pod-product-compliance
Lightning Source LLC
LaVergne TN
LVHW010301230826
846091LV00007B/3081